Sven Meschner

Der innere Schweinehund. Wie Demotivation entsteht und überwunden werden kann

GRIN Verlag

GRIN - Your knowledge has value

Der GRIN Verlag publiziert seit 1998 wissenschaftliche Arbeiten von Studenten, Hochschullehrern und anderen Akademikern als eBook und gedrucktes Buch. Die Verlagswebsite www.grin.com ist die ideale Plattform zur Veröffentlichung von Hausarbeiten, Abschlussarbeiten, wissenschaftlichen Aufsätzen, Dissertationen und Fachbüchern.

Besuchen Sie uns im Internet:

http://www.grin.com/

http://www.facebook.com/grincom

http://www.twitter.com/grin_com

I. Abstract

Sven Meschner stellt zu Beginn seiner Arbeit die These auf, dass jeden Menschen ein individueller Schweinehund begleitet.

Um dies zu verstehen, wird geschildert wo der innere Schweinehund ansetzt, beziehungsweise wie Momente der Demotivation entstehen. Infolge dessen beschreibt Meschner verschiedene Techniken sowie Methoden um sich aus den Armen den Schweinehundes befreien zu können und somit wieder Motivation zu schöpfen, besonders im Bereich des Studiums.

Jedem der sich für diese Thematik interessiert, wird diese Seminararbeit empfohlen, vor allem Studenten die mit voller Energie durch das Studium wollen.

II. Inhaltsverzeichnis

I. Abstract

II. Inhaltsverzeichnis

III. Abbildungsverzeichnis

IV. Anhang

Literaturverzeichnis

III. Abbildungs- und Tabellenverzeichnis

1. Einleitung und Aufbau

Jeder Mensch kennt das Phänomen des inneren Schweinehundes. Sei es jung oder alt, Mann oder Frau. Ganz gleich wen man fragt, ob er schon einmal betroffen war, die Antwort ist in den meisten Fällen ein ja. Deshalb ist es noch verwunderlicher, dass jeder Mensch seinen individuellen Schweinehund besitzt. Sei es in der Lernphase vor der Klausur, wobei der Stoff aufgeschoben wird oder das man mal wieder nicht im Fitnessstudio anwesend war.

Woran liegt es, dass der Schweinehund in unterschiedlichsten Ausprägungen auftritt, insbesondere beim Lernen der Studenten und wie können diese damit umgehen?

Anscheinend gibt es nämlich verschiedenste Arten wie dieses Phänomen zu Stande kommt und den Menschen in seinen Tätigkeiten im Alltag beeinflusst.

Zu Beginn der Arbeit ist der Fokus auf die grundsätzliche Frage gerichtet, wie es überhaupt zu der Thematik der Entstehung des Schweinehundes kommt. In diesem Kapitel wird auf grundsätzliche Faktoren, wie das persönliche Umfeld oder die unsichtbaren Grenzen des Einzelnen genauer eingegangen.

Daraufhin werden zwei Techniken in Kapitel drei behandelt, wie man am besten mit dem Schweinehund umgehen soll, wobei hier der Fokus auf das Leben der Studenten liegt. Außerdem werden im Hinblick auf die Selbstmotivation im Alltag noch weitere Tipps gegeben, womit auch wieder die Situation des Studiums mit einbezogen wird.

2. Wie entstehen Momente des Schweinehundes?

Da jede Person ein Individuum mit seinen eigenen Stärken und Schwächen ist, sowie seiner eigenen Persönlichkeit, findet der Schweinehund unterschiedlichste Punkte an denen er bei dem Einzelnen ansetzen kann, um ihn wirkungsvoll zu beeinträchtigen.

2.1. Das Umfeld

Im Alter von der Geburt bis circa zum Alter eines Teenagers lernen Menschen primär durch Imitation (vgl. Ghadimi, 2013, S. 48f). Somit beeinflusst das Umfeld jeden mehr als er zu denken glaubt. Im Kleinkindalter können die Eltern noch zu einem sehr großen Teil steuern, was das Kind für das spätere Leben mitbekommt. Sobald es aber in Kontakt mit anderen Kindern kommt, nimmt es natürlich auch Verhaltensweisen von ihnen auf. Besonders in der Schulzeit möchte der Mensch meistens zu einer Gruppe gehören, womit er speziell in diesem Lebensabschnitt ein gewisses Maß an Desinteresse und Demotivation adaptiert.

2.2. Die Persönlichkeit/Ziele des Menschen

Da man von seinem Umfeld von Beginn an geprägt wird, ist es schwierig sich in frühen Jahren bis circa 20 Jahren eine eigene Meinung zu bilden, die unabhängig von allen anderen Gedanken ist. Somit muss sich der Mensch im Klaren über seine eigene Persönlichkeit und seine eigenen Ziele sein. Ist dies jedoch nicht der Fall, findet der Schweinehund schon seinen ersten Angriffspunkt. Der Faktor der eine Bedeutung hat sind Zielkonflikte. Denn wenn die Ziele nicht miteinander im Einklang sind, werden sie schnell vom Motivationsfaktor zum Demotivationsfaktor. Angenommen man möchte sehr gute Noten in der Universität bekommen, jedoch gleichzeitig eine eigene Firma aufbauen. Es müssen definitiv Prioritäten gesetzt werden, damit nicht an mehreren Strängen gleichzeitig gezogen wird, welche in verschiedene Richtungen gehen (vgl. Gassert, 2013, S.82f). Somit kann auch keine Lust/Motivation empfunden werden, was jedoch ein immens wichtiger Faktor ist.

2.3 Fehlende Antriebsenergie/Ablenkungen

Ein überaus anderer wichtiger Punkt wäre die fehlende Antriebsenergie. Im heutigen Zeitalter konzentrieren sich die Menschen auf viel zu viele Quellen der Aufmerksamkeit gleichzeitig. Es war nie einfacher als heute den Menschen von allen Seiten mit Reizen und Informationen zu erreichen, sei es per Smartphone immer und überall oder zu Hause per Fernsehen, Radio oder Internet. Kommt es dann dazu, dass die Person von allem etwas mitbekommen möchte und somit die Energie falsch fokussiert, wird sie schnell an Energie verlieren (vgl. Huhn/Backera, 2002, S.7). Somit hat der Schweinehund für uns die Ausrede parat, dass uns dann doch der Antrieb fehlt, unter anderem in das Fitnessstudio zu gehen oder uns mit anderen wichtigen Tätigkeiten zu beschäftigen. Des weiteren schreibt der Autor Mueller über den geschätzten Aufwand der zu erledigenden Aufgabe im Verhältnis zu dem Nutzen der daraus gezogen wird. Dies bedeutet umso besser dieses Verhältnis ist, desto einfacher wird Motivation generiert (vgl. 2013, S.17f).

Marco von Münchhausen zeigt eine ähnliche Vorgangsweise des Schweinehundes, indem er den Ablenkungsvorgang in einer Grafik aufzeigt, welche im Anhang zu finden ist (vgl. 2002, S. 70).

2.4 Der Perfektionismus

Das mit am liebsten genutzte Mittel des inneren Schweinehund, ist der Perfektionismus. Es wird ein ständiger Drang des nicht erfüllt Seins empfunden. Dieses Empfinden hatte wohl jeden schon mal in irgendeiner Weise betroffen. Sei es beim Hausbau, beim Renovieren oder in der Schule beziehungsweise Universität. Jeder wird schon an einem Langzeitaufsatz gesessen haben, da er immer noch etwas zu verbessern hatte und somit bis zum letztmöglichen Zeitpunkt der Abgabe des Aufsatzes gewartet hat. Das ist aber nun mal eher eine Illusion, denn ganz perfekt wird man es wohl nie hinbekommen (vgl. Huhn & Backera, 2002, S. 14). Darüber hinaus gliedert sich der Fall des Perfektionismus zum Teil auch in dem Punkt der fehlenden Antriebsenergie ein, da der Perfektionist nie wirklich mit der erbrachten Leistung zufrieden ist, weil er wie schon gesagt meint, man könne immer etwas besser machen. Hier ist auch gleichzeitig sein Problem, denn es kann wohl jede Tätigkeit immer besser erledigt werden. Er ist des weiteren auch eigentlich nie mit sich wirklich zufrieden, da die Vorstellung des Ergebnisses viel zu hoch angesetzt wurde, was auch zum Teil zu Überforderung oder Versagensangst führt (vgl. Gassert, 2013, S.90ff)

2.5 Die Aufschieberitis

Mit diesem Punkt wird perfekt an den Aspekt des Perfektionismus angeknüpft. Meist wird unter anderem die Ausrede benutzt, dass zu wenig Zeit vorhanden sei, da im Studium die Zeit selbst eingeteilt werden kann oder die generell fehlende Motivation bezüglich der zu erledigenden Aufgabe. Denn statt dieser sucht man nur einen Zeitvertreib mit anderen unwichtigen Dingen, die erledigt werden. Somit hat das nichts mit Untätigkeit zu tun, weil dennoch Aufgaben erledigt wurden, jedoch nicht die Eigentliche (vgl. Kratz, 2011, S.16ff). Das beste Beispiel hierfür ist der Termin von Hausaufgaben oder einem Aufsatz, für den man einen längeren Zeitraum zur Bearbeitung bekommen hat. Wie gerne zögert man diese Zeit heraus, um bis zum fast letztmöglichem Zeitpunkt zu warten, um dann wieder in Hektik zu verfallen, da man doch eine längere Periode zur Verfügung gehabt hatte. Hinzu kommen bestimmte Alternativen, welche statt der eigentlichen Tätigkeit verfolgt werden können. Wenn diese Alternative interessant genug ist oder es noch mehr Auswahlmöglichkeiten gibt, wird es laut Dietz (vgl. 2006, S. 84f) für den Betroffenen noch schwieriger sich für die zu erledigende Aufgabe zu motivieren. Viel lieber wird draußen mit den Freunden etwas unternommen, sich mit den Hobbys beschäftigt oder etwas Anderes getan.

2.6 Unsichtbare Grenzen

Der Mensch hat eine sogenannte Komfortzone (vgl. Schäfer, 2003, S. 42) oder auch unsichtbare Grenzen genannt (vgl. von Münchhausen, 2002, S.15). Das heißt, dass alle Tätigkeiten und Ereignisse außerhalb dieser Zone eine gewisse Unruhe oder ein Unwohlsein hervorrufen. In solchen Situationen spricht der innere Schweinehund auch sehr gerne zu einem selbst. Man solle das doch lieber sein lassen, oder er gibt einem das Gefühl, die Aufgabe wäre viel zu schwer und nicht zu schaffen. Zu gerne redet er auf Jemanden ein, dass man etwas nicht bewältigen kann, da er selbst sehr bequem ist.

Um noch einmal zu rekapitulieren, geht es bei der Entstehung des inneren Schweinehundes, auch im Bezug auf das Studium, um sechs Punkte: das Umfeld, die Persönlichkeit/Ziele des Menschen, um fehlende Antriebsenergie, den Perfektionismus, die Aufschieberitis und die unsichtbaren Grenzen. Jeder Mensch findet sich wohl in manchen Punkten davon mehr und in manchen Punkten davon weniger wieder. Darum sollte sich jeder einmal ein bisschen Zeit nehmen, um sich selbst zu reflektieren und um dann zu erkennen, welche der genannten Faktoren in seinem Leben am intensivsten eine Rolle spielen. Der beste Zeitpunkt für den Studenten dafür wäre wohl in den Semesterferien, da dort womöglich der entspannteste Zeitpunkt ist, um das zutun. Dies hat der Autor Sven Meschner auch vor Studienbeginn durchgeführt und so herausgefunden, wie er produktiver und effizienter arbeiten kann. Deshalb kann er es jedem als Präventivmaßnahme empfehlen, damit man nicht in die Fallen des Schweinehundes tritt und ihm somit erliegt. Denn Vorsorge ist nun mal besser als Nachsorge.

3. Die Lösung für den Umgang

Da er in unterschiedlichsten Varianten auftritt, gibt es auch eine Vielzahl von Techniken, wie man den inneren Schweinehund handhabt, wenn er auftritt oder wie man sich selbst so weit entwickeln kann, dass der Schweinehund gar nicht erst die Oberhand über Einen gewinnen kann.

Im Folgenden wird auf verschiedene Möglichkeiten zur Selbstmotivation eingegangen, sowie auf zwei Techniken um dem Phänomen vorzubeugen.

3.1 Die positiven Gefühle/Gedanken

Ein nicht zu unterschätzender Faktor sind die eigenen Gefühle beim Lernen. Wenn wir diese auf unserer Seite haben, fällt es uns viel leichter Informationen im Langzeitgedächtnis zu behalten, anstatt dass sie nur flüchtig in das Kurzzeitgedächtnis zwischengespeichert werden. Wenn sich jemand zum Beispiel für die Börse interessiert und Spaß daran hat mit Geld umzugehen, wird es ihm viel leichter fallen das benötigte Wissen über Finanzen zu akkumulieren, als die Daten und Fakten für das Fach der Geschichte. Es sollte aber auch darauf geachtet werden, dass die Umgebung stimmt. Somit sollte man sich in einer, falls möglich, ruhigen und stressfreien Umgebung aufhalten (vgl. Frädrich, 2006 , S.133f).

Auch Gedanken spielen eine sehr wichtige Rolle, um sich wieder zu motivieren. Deshalb zunächst ein Zitat von Buddha: „Wir sind, was wir denken. Alles, was wir sind, entsteht aus unseren Gedanken. Mit unseren Gedanken formen wir die Welt" (vgl. nur-zitate.com, 2015). Dies heißt nun für jeden, dass er zuerst selbst reflektieren sollte, ob seine Gedanken positiv gestimmt sind, womit an den Punkt der positiven Gefühle angeknüpft wäre. Dies lässt sich unter anderem durch die Wahl der Worte, die benutzt werden beeinflussen. Denn die Worte beeinträchtigen unser Denken, wodurch ebenso unsere Gefühle abgeleitet werden (vgl. von Münchhausen, 2002, S.116ff). Sollten Probleme oder Schwierigkeiten auftreten, könnte man diese von Anfang an gleich mit anderer Denkweise angehen, indem man zum Beispiel einen Fehler als etwas Positives ansieht und daraus lernt, statt sich mit dem Negativen aufzuhalten. Schwierigkeiten, welche jedem die Möglichkeiten bieten über sich hinaus zu wachsen und eventuell neue Fähigkeiten zu erlernen, beziehungsweise die bestehenden Fähigkeiten zu verbessern, sollten demnach nicht als Hindernis, sondern als Förderung angesehen werden.

3.2. Der Erfolg

Zu gern sieht man selbst nur Dinge, die schief oder schlecht gelaufen sind. Der Mensch neigt gerne dazu, die guten Dinge zu übersehen und sich auf die Schlechten zu konzentrieren. Deshalb ist es überaus wichtig sich kleine Erfolge zu merken und diese wertzuschätzen. Hierzu kann man sich eine sogenannte „Erfolgsbilanz" erstellen, in der man sich beispielsweise für jede Woche vier erreichbare Ziele setzt und diese anstrebt. Sobald man dies regelmäßig hinbekommt, stellen sich automatisch Erfolgserlebnisse ein und es schafft ein gewisses Maß an Selbstvertrauen. Als Folge dessen, kann man sich Schritt für Schritt größere Ziele setzen und wird sie höchstwahrscheinlich mit der Zeit erreichen (vgl. Müller, 2013, S33ff) .Wenn dies erfolgreich gelingt, gelangt man schnell in eine Erfolgsspirale und man generiert schon fast automatisch neue Energie und Motivation, die dann sehr gut im Alltag genutzt werden kann. Nur zu gut kennt man die Antwort eines Lehrers aus der Schulzeit: „Weil du das später im Leben brauchst." auf die Frage, „weshalb und wozu soll ich das Lernen?". Eine viel bessere Methode hierzu ist sich vorzustellen, was denn später mit dem Gelernten erreicht werden kann (vgl. Frädrich, 2006, S. 127). Es ist selbstverständlich, dass wenn man in der Zukunft einmal in die Wirtschaft möchte Mathematikkenntnisse braucht, oder dass Menschen, die sich für das Reisen begeistern offen für das Erlernen von Fremdsprachen, wie zum Beispiel Englisch oder Französisch, sein sollten, um sich angemessen verständigen zu können.

3.3 Der Lernprozess

Beim Lernen ist es wichtig zu wissen, dass man in der Schule oder Universität nicht lernt indem man zuhört, sondern indem man selbst etwas praktiziert. Das heißt, die betroffene Person sollte sich am Unterricht/der Vorlesung beteiligen, sei es an einer Diskussion teilhaben oder zumindest das Wichtigste mitschreiben, denn dies zählt in den Bereich des aktiven Lernens mit ein. Der Mensch ist so gepolt, dass er am besten lernt, wenn er etwas selbst tut. Somit muss er sich zwangsweise aktiv einbringen, wie man in der Grafik gut erkennen kann:

Abbildung 2: Lernaktivitäten

Daher ist der Lernprozess ein eigenständiger Prozess, bei dem es darauf ankommt, Verantwortung zu übernehmen und sich mit der Thematik in individueller Weise auseinander zu setzen, um sich wiederum den Lernstoff so aufzuarbeiten, damit man ihn sich gut einprägen kann (vgl. Müller, 2013, S. 38ff).

3.4 FLOW

Der Flow ist ein Prinzip beschrieben von Mihaly Csikszentmihalyi. Dieses Prinzip handelt im Groben von den Herausforderungen denen man sich aussetzt. Somit soll eine Handlung, die in Angriff genommen wird, in gleichem Maße Herausforderung sein, jedoch auch zu den vorhandenen Fähigkeiten passen.

Ein gutes Beispielfeld hierfür ist der Sport. Umso besser der Gegner ist, umso besser muss der

Herausforderer sein, um diesen zu schlagen. Ist dies nicht der Fall wird der Herausforderer schnell geschlagen sein, da er wohl noch nicht die benötigten Fähigkeiten dazu besaß, um auf Augenhöhe gegen ihn anzutreten. Das hat zur Folge, dass die Fähigkeiten mit den Herausforderungen auf einer Ebene sein sollten, um den Spaß an der Sache zu haben, beziehungsweise die Motivation dafür. Wird keine Herausforderung wahrgenommen, kommt es sehr schnell zur Unterforderung und bei zu großer Herausforderung zur Überforderung (vgl. von Münchhausen, 2002, S.130f).

Somit soll die Person sozusagen ein Empfinden höchster Motivation erlangen und den Fokus ganz auf die ausgeübten Tätigkeit fokussiert haben (vgl. Hornig, 2013, S.13ff). Dies lässt folgern, dass der Mensch sich stetig weiter entwickeln sollte, um den stetig wachsenden Herausforderungen Herr zu werden.

3.5 Neue Gewohnheiten

Wenn man den Schweinehund in den Griff bekommen möchte oder ihn sogar zum „Freund" machen will, bedarf es einiger Arbeit insbesondere im Hinblick auf die Erarbeitung neuer Gewohnheiten. Bestimmte Gewohnheiten hat jeder Mensch durch sein Umfeld angenommen, wie in Punkt 2.1 erläutert und handelt nach diesen tagtäglich. Damit diese alten Gewohnheiten in den Griff bekommen und durch neue Gewohnheiten ersetzt werden können, muss einiges beachtet werden. Da dies natürlich keine einfache Angelegenheit ist, gibt es für diese Thematik ein paar Tricks, wobei sich darin auch manche Autoren widersprüchliche Anweisungen geben. Hier ist zu testen was davon besser für den Einzelnen funktioniert und was nicht.

Im Folgenden werden Tricks von Marc Gassert (vgl. 2013, S.126) und Marco von Münchhausen (vgl. 2002, S. 173ff) gegenübergestellt, beziehungsweise einzeln dargegeben.

Zu Beginn ist es gut zu wissen, dass die neuen Gewohnheiten einen bestimmten Zeitraum benötigen, bis diese übernommen werden. Während von Münchhausen von einem Zeitraum von vier bis sechs Wochen spricht, finden sich bei Gassert die Aussagen von Motivationstrainern, welche von einer 21 Tage Regeln sprechen oder seiner erlernten Weisheit: Bis man es könne (vgl. 2013, S.126).

Von Münchhausen gibt auch den Tipp, die neuen Gewohnheiten zur selben Uhrzeit, am selben Ort zu tun, was eine Art Rhythmus oder Ritual darstellen soll bis es übernommen wurde. So ähnlich findet sich dies auch bei Gassert, jedoch sollen in den Kalender Zeiträume eingetragen und ohne Ausnahmen eingehalten werden, während es widerrum bei von Münchhausen unter anderem sowas wie eine Nachholtechnik dafür gibt.

Um mit den neuen Gewohnheiten nicht überfordert zu werden, wird noch der Tipp von Gassert gegeben, dass man nur eine neue Gewohnheit auf einmal umsetzen sollte, beziehungsweise um den Start zu erleichtern, klein anfangen und sich später zu steigern, damit die Aufmerksamkeit sich nicht auf zu vielen Gepflogenheiten konzentriert und das Vorhaben nicht zum Energieräuber wird.

3.6 Die Salami Taktik/Mini-Maxi-Technik

Als Salami Taktik beschreibt Stefan Frädrich (vgl. 2006, S. 139) unter anderem die Planung eines Tages. Denn wenn man weiß, dass man viel zu tun hat, kann es helfen sich einen Plan für den Tag zu machen und diesen chronologisch abzuarbeiten, da es viel einfacher ist, sich für einen bestimmten Zeitraum auf eine Sache zu konzentrieren, als auf viele verschiedene Dinge gleichzeitig. Auch Marco von Münchhausen (vgl. 2002, S. 148f) empfiehlt eine ähnliche Technik. Diese nennt sich Mini-Maxi-Technik. In dieser geht es um, wie er es nennt: „kleine aufgeschobene Dinge und größere Vorhaben". Die kleinen aufgeschobenen Dinge sind Tätigkeiten, die man einmalig tun muss oder sollte, wie zum Beispiel vor dem Haus zu kehren oder den Abwasch zu machen. Diese Tätigkeiten soll man dem Aufwand entsprechend auf mehrere Tage verteilen oder falls sinnvoll an ein und demselben Tag der Reihe nach,und nie gleichzeitig, erledigen. Größere Vorhaben werden, wie in der Salami Taktik, in kleine Portionen aufgeteilt und erledigt, um am Ende das große Ziel erreicht zu haben.

Ein gutes Beispiel hierfür wäre natürlich die Lernphase vor der Klausur in der man sich den Lernstoff gut aufteilen sollte, was in diesem Zeitraum zu weniger Stress führt und somit entspannteres Lernen ermöglicht.

4. Fazit

In diesem Kapitel soll die Anfangsfrage der Einleitung aufgegriffen werden.

„Woran liegt es, dass der Schweinehund in unterschiedlichsten Ausprägungen auftritt, insbesondere beim Lernen von Studenten und wie können diese damit umgehen?"

Kapitel zwei beschreibt dabei die wichtigsten Punkte wie es zum Entstehen des individuellen Schweinehundes kommt, denn durch das Zusammenspiel der genannten Faktoren, ergibt sich ein menschliches Individuum, sowie eines des Schweinehundes.

Taucht der innere Schweinehund nun doch auf, sind die Faktoren und Techniken in Kapitel drei hilfreich um den Schweinehund zu überwinden und, um wieder Motivation für das Studium zu schaffen.

Dabei muss aber noch einmal betont werden, dass sich durch das Individuum des Einzelnen sich verschiedene Schwerpunkte abzeichnen und es somit keine allgemeingültige Formel zur Lösung des Problems gibt, sondern nur die bekannten Faktoren aufgezählt werden können und dadurch die Mischung für die individuelle Person abgeleitet wird. Jeder Mensch selbst muss demnach in sich hineinhören und herausfinden, wo denn genau der innere Schweinehund nun ansetzen kann, wenn nicht sogar angesetzt hat und dann gezielt an diesem Punkt anknüpfen und nach den hilfreichen Methoden in Kapitel drei handeln. Nur dann kann der innere Schweinehund überwunden werden.

IV. Anhang

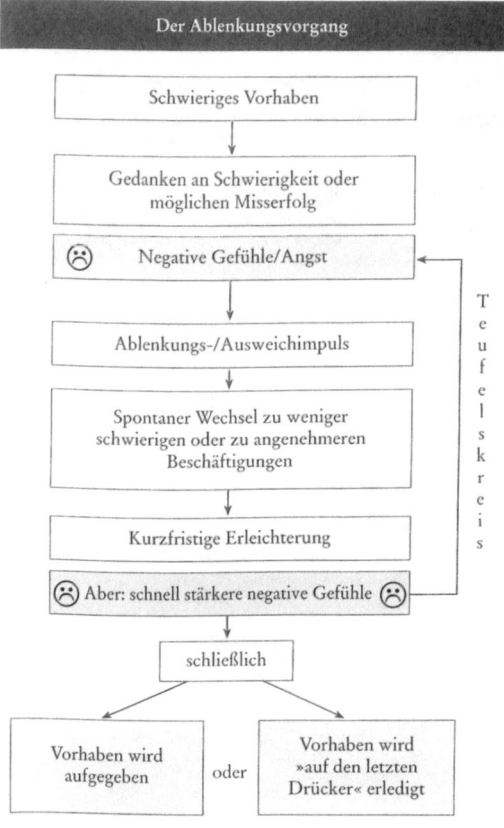